尼采
的奇幻漫游

[法]娜塔莉·普林斯　[法]克里斯多夫·普林斯　著
[法]扬·达姆赞　绘　张璐　译

SPM 南方传媒
全国优秀出版社
全国百佳图书出版单位　广东教育出版社
·广州·

献给我们的四个孩子——阿黛莉、安布瓦兹、阿尔芒丝和安塞尔姆，愿他们能看到比天边星辰更高更远的地方。

——娜塔莉·普林斯和克里斯多夫·普林斯

我用十句话，就可以说清别人用一本书才能讲明的东西，也可以说清别人用一本书都讲不明的东西。

——尼采《偶像的黄昏》

故事发生在很远很远的地方，比城市还远，比村庄还远，比低凹的山谷还远，比一望无际的平原还远，甚至可以说那里已经超越了善与恶的边界。

　　就是在那么遥远的地方，最伟大的旅行者都未曾踏足过的彼方，在一片绵延的山脉尽头，有一座高山，比其他山更高，更孤寂。

　　这座山上生活着一个人、一只鹰和一条蛇。

这个人……关于他,我们可要隆重地介绍一番!他就是我们故事的主人公。他的名字叫作弗里德里希·尼采,这座高山叫作查拉图斯特拉山。鹰和蛇没有名字,因为它们一直生活在山里。

十年前,尼采远离城市,远离人群,来到查拉图斯特拉山山顶冥想,享受独处的时光。

一天清晨，尼采醒来后，对着刚刚升起的太阳说："伟大的天体啊！如果你的光辉不能照耀任何人，你又怎么能幸福呢？每天清晨，我、我的鹰、我的蛇，我们都等着你，等你用光芒带给我们温暖。而我从多年前开始，就积累了无数如光芒一样的智慧，可我没有让这光芒闪烁，没有照耀任何人。我就像一只蜜蜂，采了满满的花蜜，急于与人分享。所以我要下山去，重回人世，我的智慧就是送给人们的礼物。"

就这样，尼采离开了他的洞穴、他的高山、他孤独的生活。他带着鹰和蛇，走出山谷，走向人们居住的地方。

"我要重新回到人群中。"想到自己要把智慧带给人们，他开心地唱起歌来。

半道上,他不停地对自己说:"我要把礼物带给人们。我很富有,我要分享,我要送出甜甜的蜂蜜。"

尼采遇到一位在森林里寻觅树根的驼背老人,他是一位隐士,从早到晚都在祈祷。老人曾见过尼采步履沉重地爬上山顶,如今见他精神振奋,很是惊讶。老人调侃地问道:"你为什么像跳舞一样向前走?你的步伐为何如此轻快?"

"因为我找到了活在人世的意义,我要重回人世。"尼采兴致勃勃地说。

隐士耸了耸肩膀。重回人世?哼!"你还是好好待在森林里吧。"他建议说,"在这里,树顶能触到天空和上帝。你别去管世人,他们不值得。"

他摆出一脸蔑视人世的表情……

"你的想法真奇怪!"尼采回答,"你怎么能抛弃人世?你怎么会去信仰死后有一个彼世?你怎么能蔑视这个世界,认为在这个世界之外,有另一个背后的世界,就好像是个后厨,或是商店的储藏室一样,而且还认为那个世界比人世更好?我了解人世之美,我要将这种美说给人们听,让他们也睁大眼睛,看到人世之美。"

于是尼采继续上路,胡须下面隐藏着嘴角的笑意。这个隐士居然说世间有神明的创造者!难道他不知道上帝死了吗?

旅行中有鹰的陪伴真是太方便了。尼采的鹰在他头上盘旋着带路,没过多久就把他带到了森林边的一座村庄。

村中间的广场上挤着一大群人,因为这里即将举行一场走钢丝表演。

尼采很开心,他可以趁此机会向村民宣布大喜讯啦!可聚在广场上的人们非常相像,全都一身灰衣,满脸忧伤。他们个个都期待着惊险的表演,好来忘却了无生趣的糟糕生活。

真是一群麻木的人!

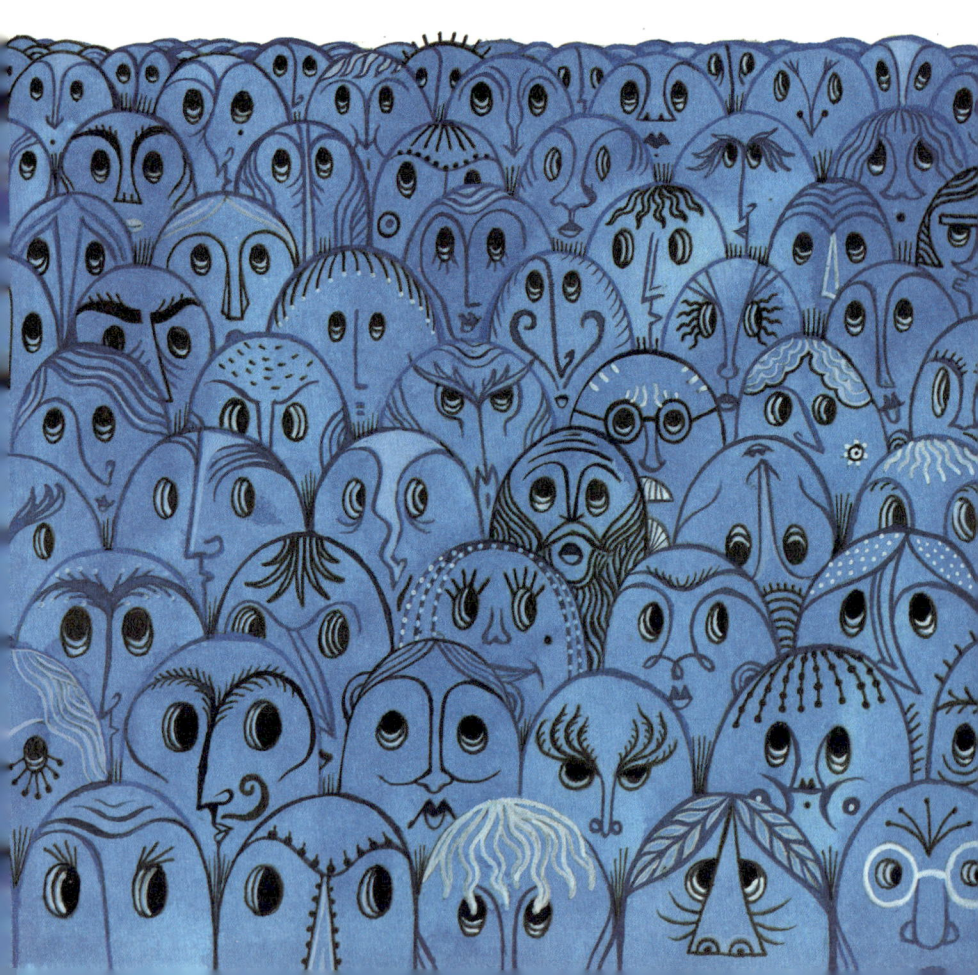

尼采想改变他们。现在的他们与其说是人,不如说更像蚯蚓、鬼魂,或者花盆里的植物。尼采想唤醒这些人,让他们学会警醒。他希望他们跟自己一样满心喜悦,跟下一刻就要站上钢丝的表演者一样勇敢,如同天空中他的鹰一样高傲,又像他的蛇一样机敏。

"所有人，你们所有人，请竖起耳朵听好！我要送一份礼物给你们，一份大礼，一个天大的好消息！"

尼采爬上台子，向众人演讲。终于到了宣布这重大消息的时刻。他深吸一口气，大声说道："上帝已死！"

台下一片寂静。人们在听，可人们一言不发——他们根本没听懂。

村民都瞪着死鱼眼看着尼采。很明显，尼采在人群中根本找不到真正的听众，找不到能够改变的人，他见到的只有动物一样的人，一群兽类……

村民们什么也不懂，他们交头接耳地说："不要反驳这个说话很大声的胡子先生……好的，没问题，上帝已死。那又怎样呢？"

"那又怎样？"

尼采几乎窒息了。怎么会有这种想法？"那又怎样？"他喃喃重复了一遍。他有太多东西想说给他们听了！

"是这样，如果上帝已死，他就会带走他所有的东西。他出行可不会轻松！他的行李里，装着你们的父母、祖父母、曾祖父母等等，还有与这些人的一生有关的所有东西，直到行李重得拖不动，拖得他脖子发疼为止！里面还有教堂、大蜡烛、祷告词、善、恶、永生的灵魂……带走了一切之后，他还拥有什么？大家对美赞叹不已，那是因为大家以为美与上帝是一回事。我思考了十年，终于明白，你们已经不再像之前那样去信仰上帝了！我，我就不相信。我知道：你们已经失去了真正的信仰。"

就在奇怪的胡子先生激情演讲的时候，挤成一团的人群慢慢散开。走钢丝表演要开始了。跟一名隐居者的胡言乱语相比，表演当然更好看！

尼采继续说道:"够了!从今往后,再没有人承诺赋予你们永生的灵魂,再没有地狱和天堂。几百年来,总有人告诉你们,世界分为人世和彼世——人世是虚幻的,和玻璃上的倒影一样脆弱;而彼世,是人世背后的世界,如同不会破裂的玻璃一样纯粹真实。可别错信这些话,不要对不存在的世界充满希望!"

尼采如是说。

可所有人都嘲笑他。尼采继续激动地说:"你们要相信人世!"

人们依旧瞪着死鱼眼看着他。

不过尼采说服人们的方式可不止一种,钓鱼也要有不止一个鱼钩。于是,他提高嗓音,看向高处,用手指着钢丝绳。

"我要教你们做超人。这是我要送给你们的第二个礼物。"

超人,超人……这是什么样的人?可以在人头顶上走的人?让人信得过的人?唯一可以确定的是,这是个让人一头雾水的概念。很显然,这位胡子先生有很多礼物,可没人有本事打开。

尼采依然在滔滔不绝,发表他对超人的看法。

"超人将替代上帝,替代人,用新价值替代旧价值。人如果能超越自我,就有资格替代上帝!哪怕信仰崩塌,你们也不要跟着信仰一起崩塌!恰恰相反,是时候成长了。人之所以美,是因为人就像悬崖之上的一座桥。是的,人是一座桥,而不是目的。你们失去了上帝,从今往后,你们要相信自己。你们自身要继承上帝的优良品质,你们要创造新的价值,听从你们的激情、欲望和渴望。你们要热爱生活!上帝已死……凡人万岁!超人万岁!"

尼采如是说。

人群的喧闹声此起彼伏,那是一种没有光芒、没有欲望、没有激情的声响。

这时，一个男人开口说话了。他痛恨尼采所说的一切，他不喜欢尼采那些打不开的礼物。他冲尼采吼道："快滚！"

人群挤作一团，发出沉闷的嘈杂声：他以为他是谁？这个胡子怪人！滚开！快滚开！怎么还不走？再不走，小心揍你一顿！

"滚出这个村子！你没资格待在这里！有这些古怪想法的就你一个人。你跟我们不一样，你是疯子！"

可男人骂着骂着突然停了下来，因为走钢丝的人出现在了人群上空。

演出开始了。钢丝上的人表演起来。

众人都闭上嘴，抬起了头。

  钢丝悬在两座高塔之间，细得几乎看不见。普通人根本没法站在上面，就像鸟儿无法立在云端一样。

  一阵风吹过，钢丝颤抖着。

  可就在这根钢丝上，稳稳地站着一个人。

  钢丝上的表演者轻轻地迈着步子，全神贯注地走着。他的生活由两样东西组成：一是危险，二是应对危险的本事。他既拥有勇气，也拥有看清前路的技巧。他一直向前，像在舞蹈。他走在钢丝上，就像在说一种全新的语言，一种从未有人说过的语言，而且说得如此响亮。

  下面的人吓得发抖，不敢抬眼去看。

  他们头晕目眩。

可有一个人受不了这头晕的感觉——就是刚才咒骂尼采的那个人。现在，他又开始嘲笑起走钢丝的人来。

"哎哟，我的小鸟，你在那么高的地方干什么？难不成你还想飞？你把翅膀藏哪儿去了？来给我们表演个滑翔啊！"

尼采听到他的吼声，知道这种喜欢大声叱骂别人的人，是世上最无耻的人。他是与超人相反的末人，末人中的末人，头脑最为迟钝的人。必须让他闭嘴！可尼采还是晚了一步。这个末人想让走钢丝的表演者分神，手舞足蹈起来。

也就在这一瞬间，走钢丝的人受了惊，侧眼瞟了一下。

接着他就掉下了深渊。

走钢丝的人摔落在尼采身边的时候，尼采一动也不动。他知道，人要热爱眩晕的感觉是多么难，就像下决心要摆脱空虚和麻木一样困难。至于相信自己能够超越自己，则是难上加难。走钢丝的人只是受到惊吓，略微动摇了信心，就失败了。

好奇的人群靠近走钢丝的人，将他团团围住，看着他，嘲笑他。

人群大笑起来，可在这笑声中有种冰冷的东西。

这些人选择做末人，绝不做超人。跟这群人讲道理是没有用的。

人群散开了。他们看够了，也听够了。

走钢丝的人快要死了。

尼采独自一人，陪在他身边。

走钢丝的人睁开眼睛看着他，问道："我会下地狱吗？"

"不会。"尼采回答，"不会的，我的朋友。地狱并不存在。你哪里也不会去。既然你哪里也去不了，很快你就会变得什么都不是了，但是你一生勇往直前，值得修一座真正的墓碑来纪念你。"

听到这话，原本深陷恐惧的表演者微微点头，像是要感谢尼采。

夜幕降临，这晚群星璀璨。

走钢丝的人死了。

尼采背着他，仿佛一头背着行李的骆驼。

尼采带着死去的同伴离开村庄，在夜色中将他带去遥远的地方。就这样，尼采走了很久很久，走到一棵空心树前面，把同伴放进空树干里。

每个孩子都是小柏拉图
让哲学家的智慧光芒照亮孩子的一生

小柏拉图系列

法国中小学课堂里老师最爱使用的哲学启蒙书

被翻译成 25 种语言的哲学普及读物

让小柏拉图结识大柏拉图

周国平 / 文

我喜欢这套丛书的名称——《小柏拉图》。柏拉图是西方哲学的奠基者,他的名字已成为哲学家的象征。小柏拉图就是小哲学家。

谁是小柏拉图?我的回答是:每一个孩子。老柏拉图说:哲学开始于惊疑。当一个人对世界感到惊奇,对人生感到疑惑,哲学的沉思就在他身上开始了。这个开始的时间,基本上是在童年。那是理性觉醒的时期,好奇心最强烈,心智最敏锐,每一个孩子头脑里都有无数个为什么,都会对世界和人生发出种种哲学性质的追问。

可是,小柏拉图们是孤独的,他们的追问往往无人理睬,被周围的大人们视为无用的问题。其实那些大人也曾经是小柏拉图,有过相同的遭遇。一代代小柏拉图就这样昙花一现了,长大了不再想无用的哲学问题,只想有用的实际问题。

好在有幸运的例外,包括一切优秀的科学家、艺术家、思想家等等,而处于核心的便是历史上的大哲学家。他们身上的小柏拉图足够强大,茁壮生长,终成正果。王尔德说:"我们都生活在阴沟里,但我们中有些人仰望星空。"这些大哲学家就是为人类仰望星空的人,他们的存在提升了人类生存的格调。

对于今天的小柏拉图们来说,大柏拉图们的存在也是幸事。让他们和这些大柏拉图交朋友,他们会发现自己并不孤独,历史上最伟大的头脑都是他们的同伴。当然,他们将来未必都成为大柏拉图,这不可能也不必要,但是若能在未来的人生中坚持仰望星空,他们就会活得有格调。

我相信,走进哲学殿堂的最佳途径是直接向大师学习,阅读经典原著。我还相信,孩子与大师都贴近事物的本质,他们的心是相通的。让孩子直接读原著诚然有困难,但是必能找到一种适合于孩子的方式,让小柏拉图们结识大柏拉图们。

这正是这套丛书试图做的事情。选择有代表性的大哲学家,采用图文并茂讲故事的方式,叙述每位哲学家的独特生平和思想。这些哲学家都足够伟大,在人类思想史上产生了巨大而深远的影响,同时也都相当有趣,各有其鲜明的个性。为了让读者对他们的思想有一个瞬间的印象,我选择几句名言列在下面,作为文章的结尾,它们未必是丛书作者叙述的重点,但无不闪耀着智慧的光芒。

苏格拉底:未经思考的人生不值得一过。

伽利略:怀疑是真理的开端。

泰勒斯:水是万物之本源,万物终归于水。

老子:道可道,非常道。

牛顿:如果我看得比别人更远,那是因为我站在巨人的肩膀上。

尼采:成为你自己。

毕达哥拉斯:万物皆数。

小柏拉图系列·第一辑（7册）

毕达哥拉斯与数字逃亡

伽利略的疯狂实验

老子的智慧之道

尼采的奇幻漫游

牛顿与银河俱乐部

苏格拉底与命运之门

泰勒斯与智慧宝座

敬请期待
更多哲学家的精彩故事
弗洛伊德、维特根斯坦、赫拉克利特……

尼采孤身一人。

他孤独吗?

唰唰,唰唰,唰唰……

鹰的翅膀在空中扇动,发出"唰唰"的声响。

咝咝咝,咝咝咝,咝咝咝……

蛇也"咝咝"地发出叹息声。

尼采可不孤独,或者说只有一点点孤独。蛇缠在他的脖子上,他就像枕着一个带鳞片的枕头。鹰则在他的头顶翱翔,盘旋着,守护他。

尼采沉沉地睡了过去。

他想对世人倾诉,现在却只有一具尸体能听到他的话。

曙光乍现,天空已铺满一片粉霞。

尼采向同伴告别："我的朋友，我将把你留在这里。我既不是放牧人，也不是守墓人。我再也不会对畜群说话，再也不会对死人说话。我要寻找没有死鱼眼的同伴。我要寻找活生生的、有着傲气的同伴，寻找伟大的人，让他们跟随我，踏上成为超人的危险道路。"

随后，他在山谷中继续赶路，去寻找这样的同伴。

尼采跟着飞鹰穿过乡村,来到一座奇特的小城,这座城市坐落在高耸的城墙后面。一位狮身人面女怪守在城门前,挡住了来者的路。她是世界上最古老的生物,有着狮子的身体、带爪的翅膀,以及一副女人的面孔,不过没有女人真长她这样。她锋利的牙齿闪着银光,目光更加恐怖。

狮身人面女怪蹲在石座上,高昂着头。尼采的蛇好奇地爬过去,像一根灵巧的皮鞭似的,缠绕在她的狮爪上,温柔地爱抚着她。

尼采问:"你知道我在哪里能找到伟大的人,跟他们分享我的智慧吗?"

"伟大的人可以是女人吗?"狮身人面女怪提出了谜一般的反问。

惊讶的尼采再次提问："你一直守护着这里，见过所有穿过这城墙的人，你能否告诉我，在哪里才能找到面对生活的重负却从不气馁的人？"

可狮身人面女怪拍拍翅膀，摇了摇头回答："孤独的人啊，你在这里找不到这样的人，赶紧继续上路吧。你的路还很长，可你的生命很短暂。你将找到你要寻找的人，可你也会失去现在的你。当你重新变回你之前的模样，你就能安歇了……"

尼采离开了狮身人面女怪，继续他的旅程，前面有鹰带路，身边有咝咝作响的蛇陪伴。

他们来到下一座城市时天几乎黑了。尼采听见传令官跑遍大街小巷,敲着锣鼓抑扬顿挫地高呼:"你应当!你应当!你应当要说话啦!"

"不要错过主人精彩纷呈的演讲!"其中一个传令官一面读牛皮卷,一面大声宣布,"你应当是最伟大的智者,他的话能让最有前途的年轻人屏气凝神!每天公开演讲二十四小时。免费入场,必须入场。"

如此诱人的建议,谁能拒绝呢?尼采跟着传令官来到教堂,城中几乎所有的老老少少都挤在这里。

伟大的智者你应当已经走上了讲台。他是一条巨龙。

他有一千岁,不过也可能是人们数错了,也许他的实际年龄要更大……

他浑身有上千片金鳞,每一片上都写着"你应当"。

人群安静下来。你应当——可怕的智者——将要开口说话了。

"听我说话的人啊，尊重我的人啊，你们总是盼望睡个好觉！什么都比不上沉沉睡去、一夜不醒。只有精神贫乏之人才能拥有甜美的睡眠，多么幸福啊！你们要在没有梦的睡眠中寻找智慧。这是最宝贵的财富：什么都不要思考！睡觉吧！"

听着他的话，人群开始变得昏昏沉沉，甚至能听到一两声呼噜声。鹰懒洋洋地扑腾下翅膀，蛇则盘在了路灯脚下……

尼采也在这些睡觉的人中间，可他听到这些话，不禁燃起了怒火。

他站起身来，声音洪亮地反驳道："不！为什么要追求没有梦的睡眠？难道你们活着就只是为了睡觉，像每天身负重担的骆驼一样？朋友们，你们快醒醒，不要再为了逃避痛苦而沉睡了！真正的生活就是要走过艰难险阻，满怀梦想，永登高峰。人需要超越自己，而不是麻痹自己……"

尼采如是说。

可众人低声抱怨起来。有人说话那么大声，是想把大家都吵醒吗？

只有一个年轻人来到尼采身边，抬起头对他说："你是个敢于说'不'的勇者，我想跟随你翻越高山。你的鹰给了我一片羽毛，让我可以飞翔！我也想拥有更高的眼界……"

你应当可不同意尼采的说辞。竟然有人敢反驳你应当?这个傲气的男人是谁?

人人都知道,最好不要把龙给惹恼。

你应当张开大嘴,嘴里满是獠牙和喷火孔。

他大口呼着气,霎时间一切都被烟雾笼罩。尼采尽力寻找着光亮,可他只看见獠牙的反光和巨龙那双红眼闪烁着的光芒。在巨龙的轰隆声中,他无数信徒的影子都齐齐站在他身旁,如同一支影子大军。这支致命的暗黑军队被催眠了,正等待巨龙将其唤醒。

军队里有想让大家相信永恒生命的幻影的人。

有蔑视身体的欲望的人。

有期待到死后世界生活的修士。

也有人惩罚自己,有人听天由命,有人彻底绝望,有人心如止水,有人牺牲自我,有人灰心丧气,还有人让自己的生命白白溜走……

所有这些人站成一支可怖的队列,一支充满痛苦和悔恨的无尽队列。

他们正一步步靠近尼采。

他们正中间是一个因犯,他被巨大的铁锁束缚着,铁锁几乎挡住了他的整个身子。

因犯是个面色苍白的罪人。他将受到最可怕的法官你应当的审判。在这里,在服从的灵魂中间,巨龙显得更加高大,

更加强壮了。

"他是个杀人犯,应被判死刑。"巨龙开始审判。

审判太草率了,尼采想。可你应当用极度仇恨的眼神看着囚犯,伸出黑色的舌头。

"罪人!"他继续用满是鳞片的大粗嗓子说,"你犯下了不可饶恕的错误。你应当信奉上帝,可你却忘记了上帝。你应当说出实情,可你却满口谎言。你应当爱你的同类,可你却杀掉了你的同类。你应当抛弃你的欲望,可你却屈服于你的欲望。你应当……"

"够了!"

又一次,尼采站起来反对巨龙。

又一次，他打断了巨龙，对他说"不"。

他面对着你应当满是鳞片的龙头，高声说："或许这个男人做了错事，可犯了错误并不意味着就要受人侮辱。他的疯癫让他杀人，可希望他栽跟头的你们，也比他好不到哪里去。也许心胸狭窄的你们更希望看到他坠入深渊。哪怕这个男人必须死，他也应该在你们的同情中死去，而不是因你们的复仇心而死！他伤心欲绝，已经对自己做出了判决。而我，我要杀了你，剥了你的皮！你应当！"

尼采如是说。

随之而来的是一片寂静，仿佛空气凝结了。

可是，跟刚才一样，又一个少年站起身来，走到尼采身边，一起面向人群。尼采之前没注意到他。现在，他仔细看着少年的双眼，这绝对不是一双死鱼眼睛。

巨龙沉默了，他甚至没有发现自己的鳞片渐渐褪去了金色，变得苍白起来。

在他庇护下的人们掀起了一阵愤怒的狂潮。那短短的一句话仿佛还在回荡："剥了你的皮！你应当……"

剥你应当的皮？真是疯子！你应当的皮可比城墙还厚，甚至比末人的精神还要厚重。而这个胡子男人竟想抓破他的皮？！

你应当暴跳如雷。从没有人如此反对他，从没有人敢对他说"不"！

"我复起仇来是非常非常可怕的！"你应当咆哮说。

可尼采不再是一头温顺的骆驼，他变成了一头狮子。狮子的"我想要"压倒了巨龙的"你应当"，狮子的力量占了上风。其实没有必要展开血腥的战斗，只需用爪子，一片接一片地刮掉鳞片上的"你应当"就够了。你应当沉沉低吼，你应当口中喷出火焰，你应当气到无法呼吸。可每当鳞片上的字被刮掉一点，你应当就虚弱一些。最后，他连吹熄蜡烛的力气都没有了。

大战之后,尼采转过身去,身后跟着他的两名新同伴,当然还有他的鹰和蛇,大家都为这场胜利感到欣喜。

你应当被消灭了。

他孤独地躺在黑雾中,奄奄一息。

他的身体慢慢化掉,翻滚着四散流淌。

巨龙的死总是一幅恶心的景象……他身上散发出令人作呕的水汽,要几千年才能散去。你应当死了,可那恶臭的液体从他体内"哗哗"地流淌出来,流淌在教堂里,涌到长椅下面,又流到教堂前的广场。你应当的信徒们蹚着这毒水四处逃窜,城里的居民纷纷被惊醒,身体不断地抽动。

"嗡嗡!嗡嗡!嗡嗡嗡!"其中一些人开始嗡嗡作响。

尼采和同伴头也不回地离开这里。他们远离了这座山谷。

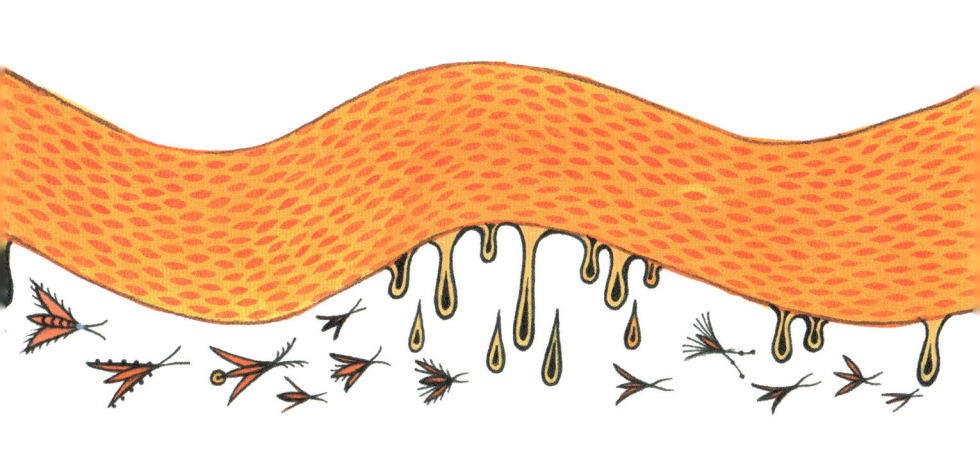

极目远眺，你就会看见最高的那座山的山坡上有五个小黑点。那是尼采、鹰、蛇，还有那两个说"不"的少年，他们一同在查拉图斯特拉山的山坡上向上爬！

山坡很陡，路途遥远……

他们走走爬爬，尼采走在最前面。

他身后，有人抱怨，有人泄了气。

"我岔气了。"第一个同伴说。

"我的脚上磨出了两个泡。"第二个同伴说。

尼采给他们打气："世上最容易的，就是在疲惫面前放弃，屈服于痛苦，过一种没有希望、没有欲望、没有自我意愿的生活。世上最难的，就是战胜自我，拒绝让自己头脑迟钝。你们快振作起来，呼吸一下高处的清新空气吧。"

尼采如是说。他可不在乎什么岔气，什么脚上的泡。

可两个同伴不再听他的话。他们向身后看去，脸色瞬间煞白。

一大群密密麻麻的苍蝇从山谷里"嗡嗡"飞腾而起。那是中了你应当的臭血之毒的人们,正快速向他们飞来,要抓住他们。

尼采让同伴们镇定下来:"同伴们,快逃,你们快逃!小心这片黑云,赶紧躲开它!这些苍蝇想吸干我们的血,直到我们完全丧失力量、丧失意志!"

"我们从没见过像这黑云一样恶心的东西!"两个同伴感叹道。

尼采朝着苍蝇云的方向皱了皱眉。

"这些苍蝇有毒,因为它们很小。"他说,"我们是新价值的创造者、有胆量的人、冒险者。我们将与诗人、艺术家、伟大的学者和那些热爱超越自我的人并肩而立。可这些人非常罕见,我们哪怕全都聚在一起,也依然孤独。这嗡嗡作响的小苍蝇,跟肚子里装满花粉的漂亮蜜蜂可不一样。它是个可怕的小东西,它不仅很清楚自己是个可怕的小东西,还希望整个人世间都充满恐怖,并且把那些不是小东西的人也变成小东西。它发出的嗡嗡声名叫怨恨。一只苍蝇加另一只苍蝇,再加上所有其他的苍蝇,它们挤作一团,形成一朵硕大的乌云,发出震天响的嗡嗡轰鸣。这朵云里所有的苍蝇都痛恨我们的勇敢,痛恨我们的力量。它们总是问自己:他为什么能做到我所做不到的事?它们感觉自己无能,又痛恨自己的无能,因为它们也跟我们一样,是希望拥有力量的。所以它们很是失望。它们想让自己小小的嗡嗡声更加有力,盖过我们的说话声、歌唱声。

"因此,它们既嫉妒强者拥有力量,又为自己的弱小感到懊恼。这样的弱者如何才能变强?如果人就像一只苍蝇,如何能飞越狂风席卷的高山?弱小者不喜欢与众不同的人!它们讨厌杰出的人!于是,它们的嫉妒心就变成了复仇之心。这些苍蝇想要报复与它们不同的人。与它们不同的人是强者,他们有欲望,有勇气,尤其有超越自我的憧憬,他们要勇攀高峰。

"你们看远处的苍蝇,这庞大的群体都是有罪的。它们总说:做人要懂分寸,做事要谨慎,要学会克制;要理智地控制欲望,不能被情绪所左右,不能被欲望所驱使,不能屈服于激情和冲动;超越自我不过是痴人说梦……苍蝇们不停地重复着这些。它们发明了道德的毒药。这种毒药钻进你们的脑袋,流进你们的血液,不停地对你们说:'嗡嗡,歇息吧,嗡嗡,睡去吧,嗡嗡,嗡嗡嗡嗡……'

"你们要傲立于这些小虫上方。不要跟它们说话,不要同它们打斗。不要让自己成为苍蝇拍。那纯粹是浪费时间。"

尼采如是说。

听了尼采的话，一个同伴忘记了他脚上的泡，另一个忘记了自己在岔气。他们几乎没有察觉，自己一直在向上攀登，越攀越高，离被山谷困住的那团黑云越来越远。高处稀薄的空气让苍蝇们无法呼吸。这里的海拔更适合羚羊，更适合雪绒花，更适合终年不化的皑皑白雪。这样的海拔只有勇者能适应。于是，尼采的同伴深吸一口气，让肺里充满了纯净的氧气。他们终于来到了查拉图斯特拉山的山顶。

尼采向他们讲述了他在山上的十年经历。他将自己的所想、所悟尽数告诉他们。

他解释说，善恶好坏的观念是相对的。不同时代、不同文化，都有自己的评判标准。走钢丝的表演者所认为的善，不一定跟狮身人面女怪所认为的善相同；末人的恶也不一定等同于你应当的恶。一千零一个文明就会有一千零一种价值观，而且它们往往是相悖的。但是，也不用对此感到绝望。尼采对他的同伴们俏皮地眨了眨眼睛说，相反，要庆幸我们身边的人跟我们观点不一样！跟他喝上一杯吧！

"庆典开始啦！"

于是，一场庆典开始了，他们用行走和对话来庆祝。

尼采每天都会跟同伴们爬查拉图斯特拉山。他们一边欣赏着身边的万千美景，一边不亦乐乎地玩着文字游戏①。他们一直在谈天说地，说话的时候脚步也不停下，这样身体就不会变得笨重。

他们一边对话，一边走到了遥远的地方，这里美得不可思议，他们还以为自己产生了幻觉。

这是一片金色的原野，夕阳正缓缓坠下。金色的阳光在灌木丛间闪闪烁烁。

他们走过去，屏住了呼吸。

这时出现了几个年轻女子的剪影，她们都是花儿，正在一边歌唱，一边跳着花仙女之舞。尼采也走过去，跳起舞来，

---

① 一种以文字技巧为内容的娱乐活动，比如猜字谜、成语接龙、双关等。

然后是鹰、蛇和两个同伴,他们一个接一个跳了起来。

这回尼采没有说话,他唱起了一支歌。

你们要拥有高尚的心灵,兄弟们啊!高一些,再高一些!
你们也要抬高你们的双腿,优秀的舞者们啊!高一些,再高一些:
最好能倒立起来!

人因为不幸而疯狂,
倒不如为了幸福而疯癫,
即使跳起舞来无比笨重,
也比像瘸子一样跛行要好。

你们要从我这里学到的智慧是:
哪怕最坏的东西也有好的一面,
哪怕最坏的人也有一双好腿可以舞蹈。
高人们啊,你们要学习伸直双腿,
挺直腰板!

学习像风一样,
当风从高山洞穴中窜出,
它总以自己的方式舞动。
大海在风中微微波动,掀起浪花千朵。

高人们啊,
你们的错误在于:
你们都没有学会正确的跳舞方法;
应该倒立着跳舞!

无论你们经历多少失败都没关系！
还有很多事情可以尝试！
你们要学会倒立着跳舞！
去拥有高尚的心灵吧，优秀的舞者们，高一些，再高一些！
别忘记要畅快地欢笑！

　　两名同伴跟花仙女跳舞的时候，尼采如此唱道。鹰高高地飞起，叼着蛇往落日飞去，两个影子缠在一起，那是高傲的鹰的影子和聪慧的蛇的影子。
　　现在，天黑透了。
　　查拉图斯特拉山上，已是午夜时分。这里没有钟，没有午夜钟声。可是这个夜晚，发生了非常微妙的变化。
　　午夜。
　　尼采做梦了。他做了一个噩梦。

他梦见自己成了守墓人,在玻璃棺材之间游走,生锈的锁口嘎吱作响。表情狰狞的尸体都在盯着他看,四周传来叽里咕噜可怕的说话声。旋即狂风大作,掀开了一口棺材的盖子。

从棺材里飞出来的是各种色彩和音乐的洪流。诡异的小生物疯狂地飞来飞去,撞在他脸上,在他身边急速盘旋,在他眼皮里面闪闪发光。它们放声大笑,笑得好响好响!这里面有孩子,有蝴蝶,有天使,还有小丑。

尼采受到惊吓,尖叫着猛地醒了过来。

尼采还吵醒了第一个同伴。他是最理解尼采的人,是尼采真正的朋友。他仿佛赋予了尼采第二只翅膀,如果只有一只翅膀,那会孤掌难鸣。于是,尼采把自己的梦告诉了他,并请教他这个梦有什么含义。

"你不是守墓人。"第一个同伴说,"你是生活的守护者。你说上帝已死,将人带入了最深的绝望和恐惧。人们变成了幽灵,失去了意志和勇气,甚至不知道自己是死是活。但是暴风

来了,将死亡吹走。孩子的欢笑、蝴蝶的轻盈、天使的优雅,还有小丑那意想不到的疯狂的幽默,都能够唤醒人们,帮助他们重新找到希望的光芒。在黑夜即将结束之时,他们终将到达……尼采,只有你,只有你能用你的笑声,将这些人引向高处,引向让他们重获勇气与自豪的高处。"

山顶之上,几个月过去了。尼采一边行走,一边将自己的所思所想分享给他的同伴们。这段山中岁月让每个人都发生了变化。

现在,是他们分道扬镳的时候了。

正午,如同午夜,也没有钟声敲响。此刻是黄金时段,正是时间完全翻转的时刻,是伟大的正午。尼采的同伴们知道,独自继续旅程的时刻到来了。他们送给尼采一件告别礼物。尼采总是把打不开的礼物送给别人,当他自己收到礼物时,不禁露出了笑容。

他打开树叶包裹,里面是一根拐杖。拐杖的手柄是一条缠在太阳上的蛇。尼采微微一笑。"真不错。"他喃喃自语道。

尼采拄着拐杖,最后一次向同伴赠言:"我的朋友,你们要离开我了。学生总是要离开老师的,不然怎么能成长?要找到通向超人的道路,必须不断提升自己。而你们要离开我,才能找到自我。你们只能相信自己,清醒地保持有益的自我中心态度,这样才能帮助他人。你们每个人都是孤独的,都将引领自己的民众。不过你们也要记住,有些人是不能伸手去帮助的,你们应该伸出脚,而且是带利爪的脚。"

尼采如是说。

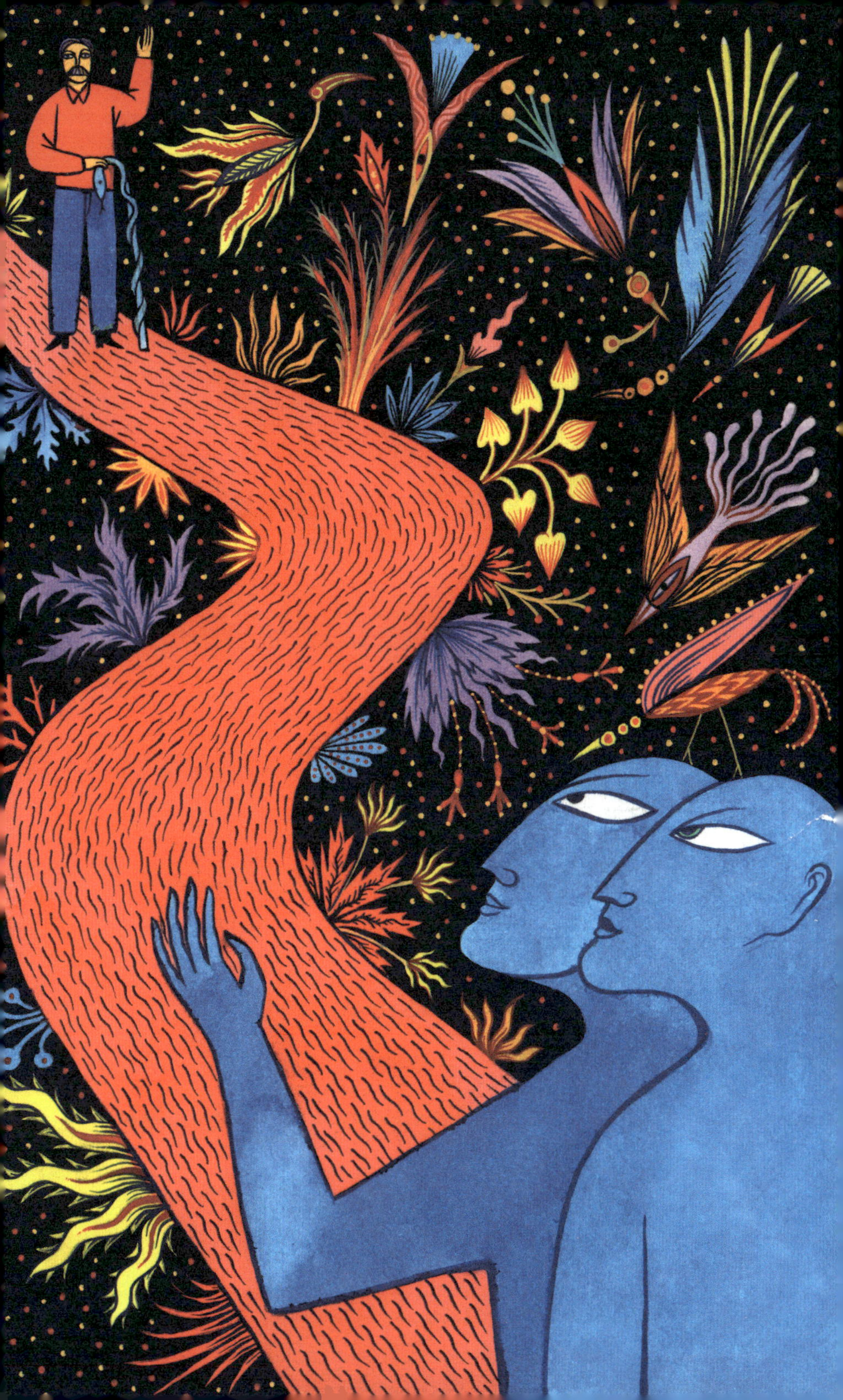

微风轻抚着尼采的胡须。他沿着孤独之路往前走,那条路将他带向的是被人们遗忘的地方。

他还有一个重要的想法要说,可是该对谁说呢?他还有一件礼物要送出去,可是该送给谁呢?

他走着走着,来到一片光秃秃的山谷,那里漆黑一片,没有飞鸟,没有花朵。"呜……"尼采被冷风冻僵了耳朵!这阵风冰冷刺骨,同时还带来了"呼呼"的回声,有些吓人。不像是人发出来的呼噜声,倒像是墓畔的咕噜咕噜声,掺杂着地狱般的噼啪声……

原来,这声音是从一个洞穴里传出来的。尼采走近洞穴往里看去,发现一个黑影。洞里的生物丑陋无比,简直无法用语言形容。

那个东西说起话来。

"你知道我是谁吗?"他尖声问道,他的声音是一种可怕的汩汩声。

"我认识你。"尼采说,"你是弑上帝者!你是最丑陋的人!可你这该死的家伙,为什么要杀死上帝?"

几乎看不出人形的生物一口气回答了他,中间丝毫不停顿:"他能看到一切在光与影中在世界每个角落每个拐角每个洞穴里的东西他看到我犯下错误却总是原谅我这让我无法忍受上帝应该死现在我把自己藏起来我生活在耻辱中。"

"从你的藏身处出来!你的丑陋,在每个人身上都有。任何人都可以超越自己。你也是,甚至可能比其他人更能超越自己,因为你比大多数人走得更远!你也可以学习,学着超越自我。"

尼采如是说。

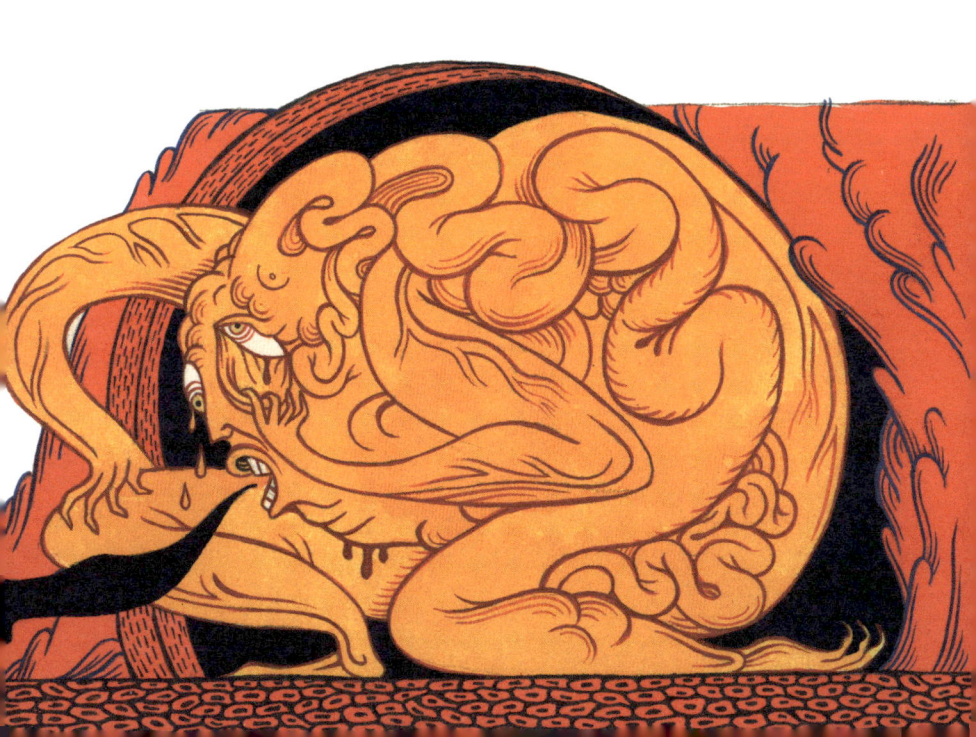

尼采握起弑上帝者的手，将他拉出冰冷的洞穴。

世界上最丑的人的确很可怕。尼采的鹰都起了一身鸡皮疙瘩，这对一只鹰来说，真是奇耻大辱！

他们慢慢远离洞穴，远离光秃秃的山谷，万物重新拥有了颜色，阳光重新开始闪耀，耳畔渐渐响起鸟儿的歌唱，微风开始温柔地抚摸着脸庞。生活多么美好！

弑上帝者眨巴着眼睛，感到头晕眼花。

面前的这一切就是真实的世界？他凝视着每一朵小花，白的、蓝的。他想跟着轻盈的蝴蝶翩翩起舞。

尼采在把他带到要去的地方之前，一直没有松手。当尼采想要什么的时候，他可是非常非常坚定的，他的欲望极度强烈。

两人走了很久很久，终于到了终点。他们来到一片湖畔，湖的名字叫锡尔斯-玛利亚，湖面波光粼粼，四周重峦叠嶂。湖面宽广，闪闪发光，闪啊闪，闪啊闪。尼采提议让弑上帝者到湖里游泳。于是，弑上帝者将他身上笨重的行李放在地上，里面装着厚重的大衣和沉重的思想。

　　"你很丑吗？"尼采问他，"那么，你不只要变美而已……还要变得崇高！游起来吧！"

　　尼采微微一笑，这是他每当准备送出难以打开的礼物时都会展现的尼采式的微笑。鹰和蛇上上下下地打量着他们。

　　"我要送你一件礼物。"他们游到湖中央的时候，尼采对弑上帝者说，"我的礼物叫作'永恒的回归'。"

　　永恒的回归！

　　这五个字撞在一起，向四面八方弹去。远处，回声激起了层层水波。

"永恒的回归!"尼采重复着。

太阳在波光粼粼的湖面上方闪耀。尼采光芒四射。他对弑上帝者说起"永恒的回归"。

"我看得出来,你现在很快乐。可你有多爱这一刻呢?我的意思是说,这一刻,你、我、太阳、湖水,还有水面的波光?如果这一刻再次出现,你会怎么样?我是说不止一次,也不是两次、三次,而是无数次?"

"我跟你一起度过的这一时刻让我感到幸福我愿意再过一次。"

"永远,永远,永远?"

"对我宁可过两次而不是一次。"

"那好,现在你想象一切都将重来,你所经历的生活,你将重新经历无数次。你的生活中再没有什么新鲜的东西。每个想法、每种欲望、每次痛苦、每回叹息都会以相同的方式从头来过。当人喜欢上另一个人的时候,也会喜欢这个人身上所有的东西,甚至会喜欢之前所不喜欢的东西。为了爱上你的生活,你也应当爱上生活中的每一个小细节,就连让你不舒服的事情也要喜欢,哪怕是让你咬牙切齿、怒发冲冠的事情:噩梦、犯罪、不公正,还有各种烦恼。你应当坚决地热爱你害怕的东西、你想要抛弃的东西、令你痛苦的东西。如果这样的事情再次发生,你要开心地接纳,就像接受真正的朋友一样,而不把它们当成痛苦的回忆。如果要重新来过,你就要把一切都推翻重来。要想一生幸福,要想度过充实的一生,你应当把任何事情都想象成会永恒回归的事情。你应当接受自己将无限次重过相同的人生。永恒的人生沙漏将不断地被倒转过来。所以,你生命中的每一秒都是不可被忽视的!"

尼采如是说。

弑上帝者用咕噜咕噜声回答,那声音清亮而富有激情。

富有激情,也不乏疑惑。

"我想要重过一生就必须超越自我而且我必须热爱我的一生才能继续重过一生。"

"你,曾经到过人能去的最卑劣的地方。想想你之前待的可怕的洞穴吧!唉,你也不要总去想那里。"尼采看到弑上帝者眼中涌出大滴大滴的泪珠,改口说道,"穿越这片湖吧!你会比其他人感受到更多的喜悦。"

尼采对弑上帝者眨了下眼，他的眼睛里藏着秘密，一眨眼就让人想笑，笑到天上最早出现的几颗星星都开始闪闪烁烁了。

"你看，你还是会爱的。"尼采说，"那么，现在你站起来！我们要在水面上绕着圈跳舞！苍蝇们可飞不到远离岸边的人这里。大多数的人还待在那里，在苍蝇群中间显得很是渺小，他们满足于像奴隶一样思考。可我们不会，我们跳舞吧！一天即将过去，同一天即将重来。时间就像我们绕的圈一样是个圆，就像太阳，像旋转着的让人头脑眩晕的行星一样。我们只有在头晕的时候才能感觉幸福。时间流逝，当死亡降临，我们对自己说：'什么？这就是一生？太棒了！那我们再来一次吧！'"

尼采如是说。他在水上舞蹈，在云端舞蹈，星星绕着他围成圈，转啊，转啊转……

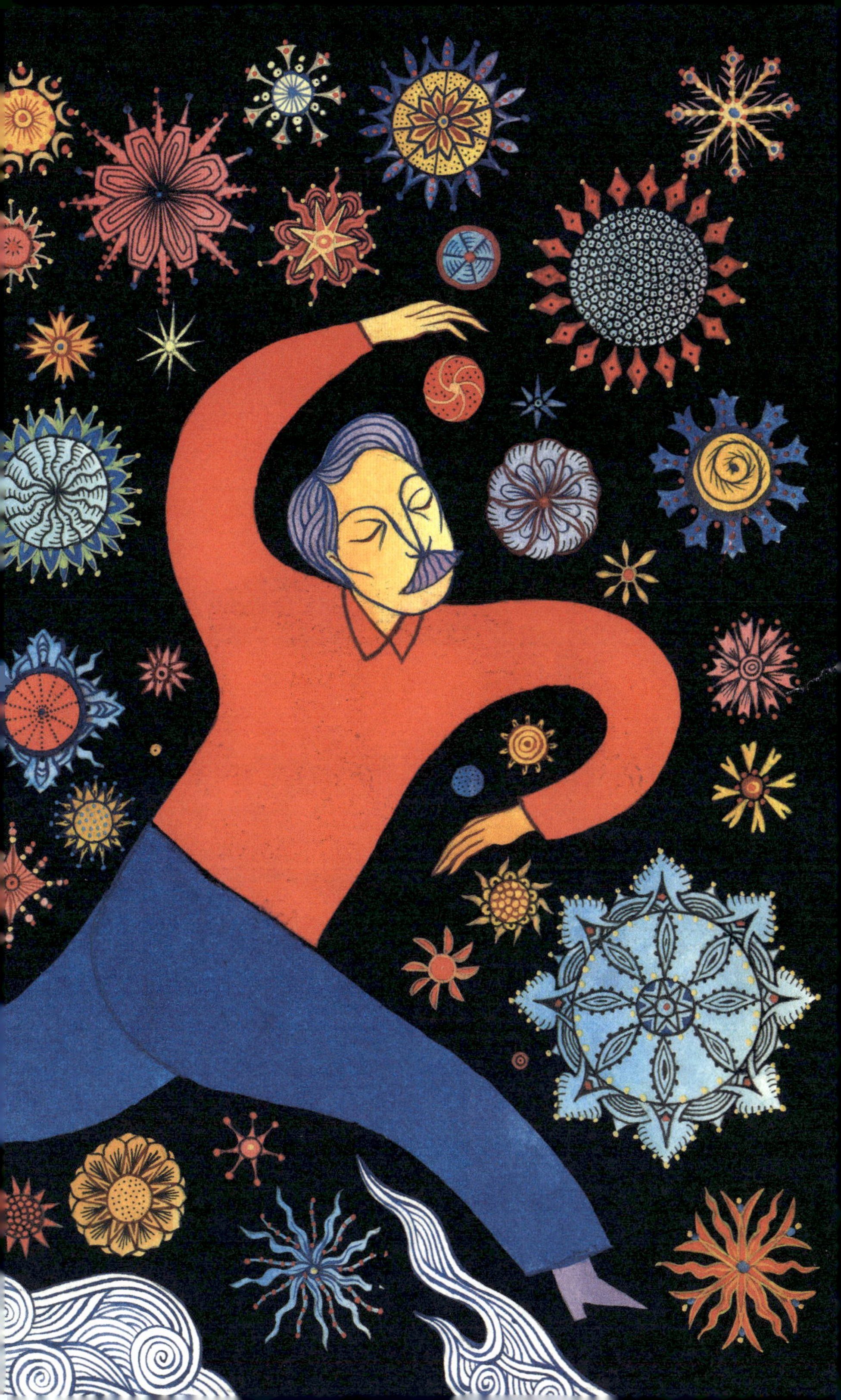

尼采说完了，现在他又做了一个梦。

他重新回到了查拉图斯特拉山山顶，回到了他住过的空荡荡的岩洞。蛇蜷在他的脚上，轻轻地咬着自己的尾巴。他冲着太阳眨了下眼，那是他最古老的朋友，正闪闪发光地看着他。就这样，他在重新变成了孩子的弑上帝者身边沉沉睡去。

尼采梦见这个孩子要跟自己玩藏东西的游戏。

"藏东西的游戏？怎么玩？"尼采问。他已经太久没当过孩子了。

孩子叹了口气。这个胡子先生什么都不知道，全要解释一遍！

"有个东西藏在一个地方，你要找到它。我呢，我会告诉你，你是冷还是热……"

尼采没有找到藏起来的东西，但是他听见孩子的声音在喊："你好热，你好热，你好热。"

这时，一个小小的声音把他吵醒了："请……给我讲个故事吧！"

这回出现的是一个真实的孩子，正在和蛇玩耍，他说："你说的太复杂了，就连被你叫作同伴的人也觉得这一切都太难懂了。"

尼采有些头晕。他可是跟狮身人面女怪说过话的人，是对抗过巨龙、蔑视过那些被囚的苍蝇、与花仙女跳过舞、跟弑上帝者游过泳的人。

孩子紧紧依偎着尼采，仿佛他一直是尼采的影子："我，我害怕巨龙……"

"可狮子已经打败了巨龙！"尼采打断他说，"你发现了事物的永恒回归，超越了这头狮子。狮子是毁灭者的铁锤。而你，孩子，你是雕塑者手中的锤子。我在旅程中一直要寻找的正是你。就是你，你是游戏，是轻盈，是欲望、快乐、遗忘，是自转的轮子！"

孩子笑了。

尼采一面摸着胡须，一面用神秘的口吻说："正因为你身上拥有这种混沌，所以你将能够赋予舞动的星星以生命！"

尼采再次惊醒过来。拐杖掉在了他的头上。太阳依旧高高地悬在当空，说明他并没有睡很久！

他热得像烧起来一般。

各种念头和字词在他脑中翻腾。

他唱道：

我现在很轻盈……
我现在在飞翔!
词句成了干尸……
我感觉一切语言说起来都太过缓慢!
我的孩子们啊!我的孩子们越来越近了!
我写下了那么多卓越的著作!
我现在成了炸药。

尼采说完了。

尼采什么都说了。

孩子是他最后的变形。他将以孩子的手创造一个世界，在那里他只做自己想做的事情。孩子的双手里，新的世界已经逐渐成形，还未命名的新价值也逐渐塑造起来。孩子的双手里，已经有晨曦的光辉准备一跃而出。

可尼采头疼起来……

在他眼前旋转的星星究竟是什么？

这只鹰和在他头上咝咝作响的这条蛇究竟是谁？

巨龙再次咆哮；花仙女再次跳起了仙女和花儿之舞；山谷再次凹陷下去，高山再次拔地而起，然后慢慢地喃喃低语，慢慢地，一切倒了过来。走钢丝的表演者掉下来的时候，在地面定住了。尼采觉得他终于到了终点。可他并不知道，他还在变化。

他的精神变换成了走钢丝的表演者，很多走钢丝的人一直在舞动，直到他们从钢丝上跌落。

尼采也掉了下来。

他掉落的地方，没有村民，没有嘲笑他的人群，没有村中广场。他在内心向下坠落，地面层层裂开，他仿佛落进了无尽的黑暗。

尼采将前所未有的最大的礼物送给了人们，告诉他们可以相信自我，他们也能将生命升华。

礼物被紧紧地扎了起来，人们七手八脚地要拆开礼物。男男女女不断舞动着手指，试图解开礼物上的绳子，可这些礼物打开一层还有一层，打开一层还有一层……

尼采跳着舞滑落下去。

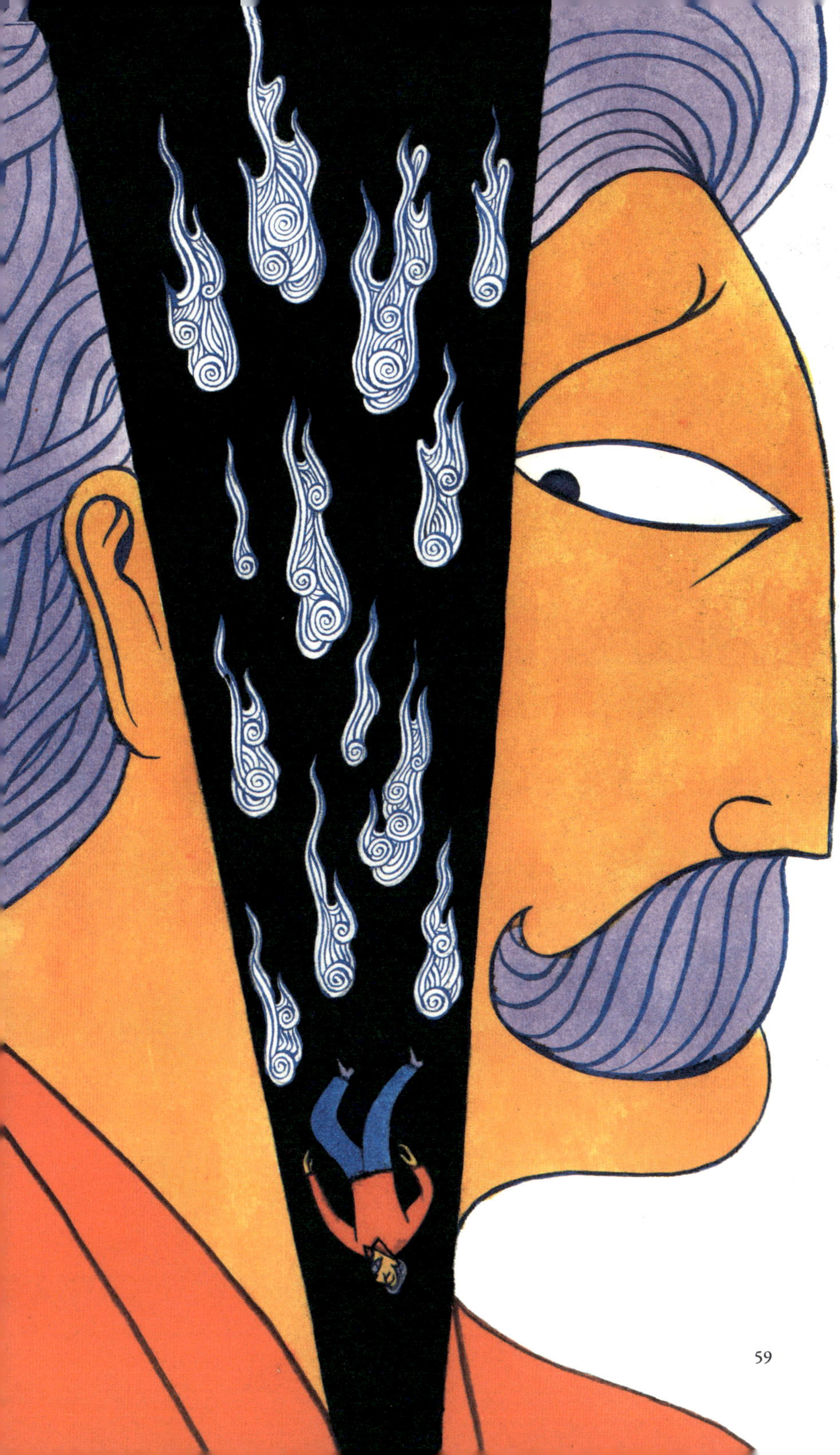

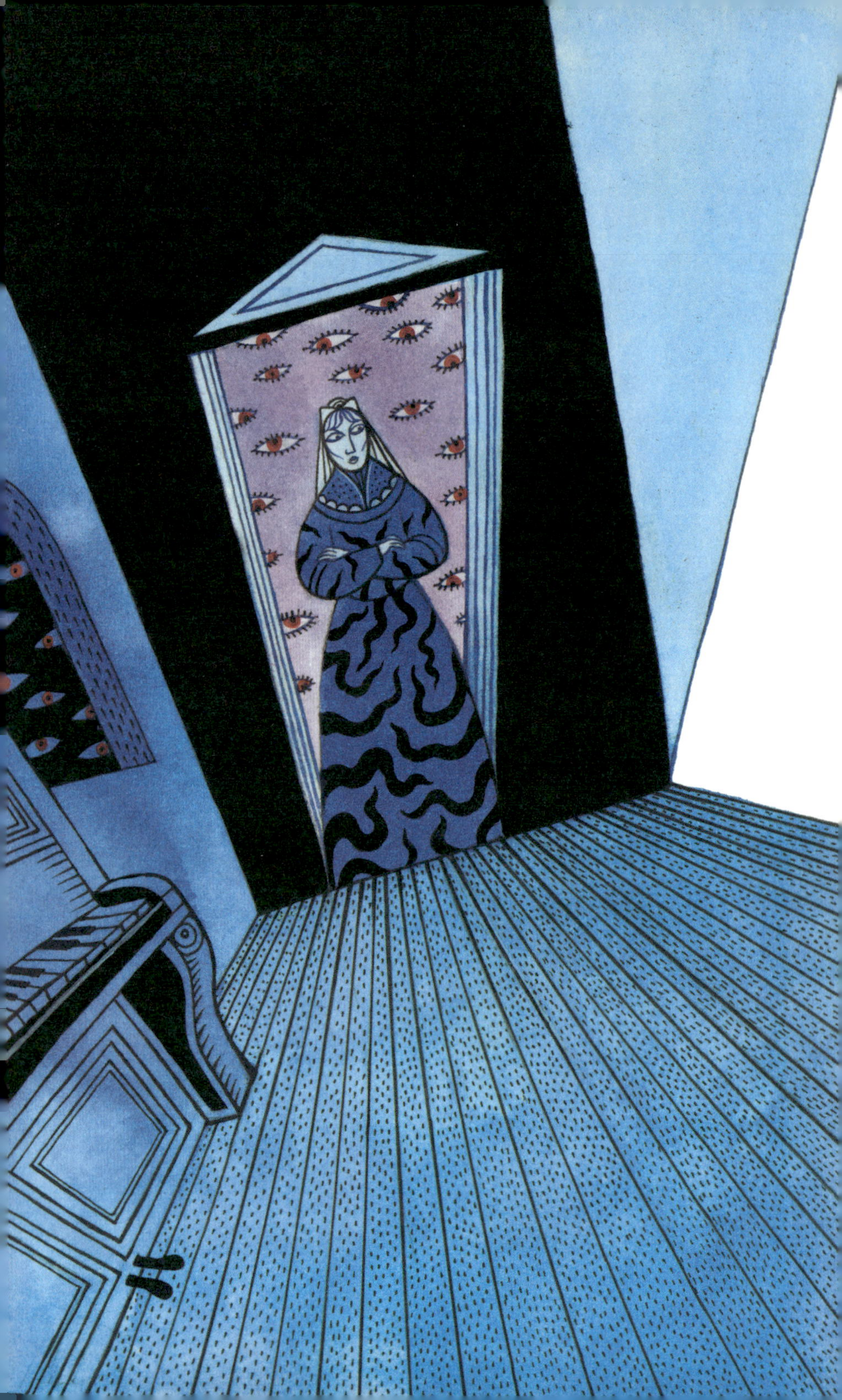

狮身人面女怪说得没错。

尼采在离世前终于找回了原本的自己。

他被安放在一间四面都是白墙的卧室里，一群男人围着一位穿着黑衣的女人忙忙碌碌。他们窃窃私语。他们在谈论他，说他是"病人"，或是叫他"可怜的弗里德里希"。

尼采在死神的阴影里，听不见说话声。他看见了走钢丝的表演者们最终跌落的地方。他听见变得稚气而瘦小的弑上帝者那银铃般的笑声忽远忽近，还有洞穴里那细小的声音，不断在重复："请……给我讲个故事吧！"

可尼采却不再说话了。

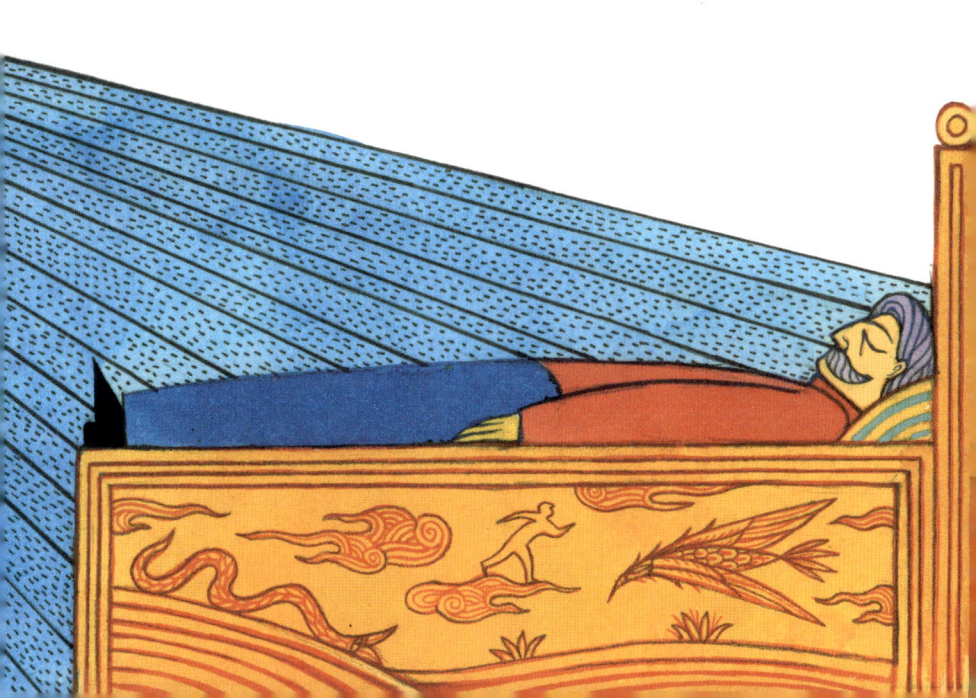

哲学小知识

"超人"和"末人"

"超人"是尼采所谓的"超越人类"的人类。他们能够克服人类现有的局限和缺陷，拥有强大的创造力、勇气、自信、自主性和个性。尼采认为，超人的出现是人类发展的必然结果，是人类向更高境界发展的一种趋势。故事中勇敢的走钢丝的人，就是超人的代表。

相反，"末人"则是指那些放弃自己的独特性，甘愿屈服于平庸、安逸、消费主义等现实束缚的人。末人缺乏创造力和独立思考的能力，他们的存在意味着人类正在走向衰落。故事中那些巨龙的麻木的追随者，正是末人的写照。

上帝已死

在故事中，尼采向村民们宣布"上帝已死"。他的意思是，宗教信仰所代表的传统价值观和道德规范不再适应现代社会的需求。现代人已经开始质疑宗教，并渴求一种更具个性、更有现实意义的价值观。最终，宗教将在现代社会失去它曾经的影响力和地位。

永恒的回归

尼采送给了弑上帝者一件礼物——永恒的回归，并告诉他，他将无数次重新经历自己的生活。尼采认为宇宙存在的方式是无限循环和重复的。在这个宇宙中，每个人的生命都会经历一系列事件，而这些事件会一遍遍地重复，形成一个永无止境的循环。只有当我们能够接受生命中的所有经历，包括艰难和痛苦时，我们才能真正意识到生命的意义和价值。

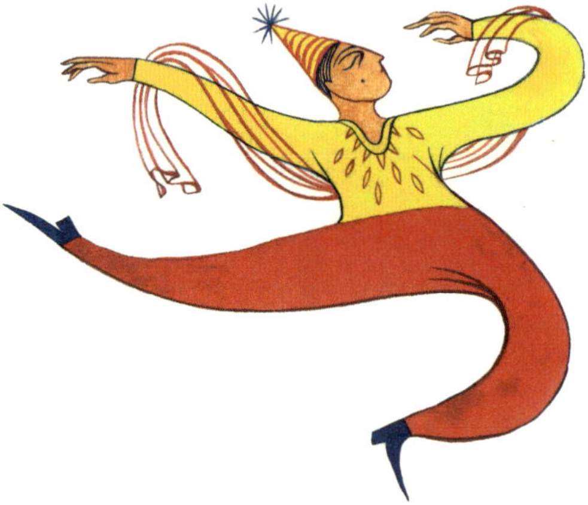

图书在版编目（CIP）数据

尼采的奇幻漫游/（法）娜塔莉·普林斯，（法）克里斯多夫·普林斯著；（法）扬·达姆赞绘；张璐译. — 广州：广东教育出版社，2024.3
（小柏拉图）
ISBN 978-7-5548-5932-2

Ⅰ.①尼… Ⅱ.①娜… ②克… ③扬… ④张… Ⅲ.①尼采（Mietzsche, Friedrich Wilhelm 1844—1900）—哲学思想—少儿读物 Ⅳ.① B516.47-49

中国国家版本馆 CIP 数据核字（2024）第 011962 号

Ainsi parlait Nietzsche
Copyright © Les petits Platons, Paris, 2020
Design: Avril du Payrat
Translation copyright©(2023)by GINKGO BOOK
This edition was published by arrangement with Wubenshu Children's Books Agency. All rights reserved.

本书中文简体版权归属于银杏树下（上海）图书有限责任公司
著作权合同登记号图字：19-2023-265

尼采的奇幻漫游
NICAI DE QIHUAN MANYOU

著　者：	[法]娜塔莉·普林斯　[法]克里斯多夫·普林斯
绘　者：	[法]扬·达姆赞
译　者：	张　璐
出 版 人：	朱文清
策划统筹：	卞晓琰　周　莉
项目统筹：	尚　飞
责任编辑：	杨柳婷
特约编辑：	周小舟　宋燕群
责任技编：	佟长缨
装帧设计：	墨白空间·李　易
责任校对：	罗　莉
出版发行：	广东教育出版社
	（广州市环市东路 472 号 12-15 楼　邮编：510075）
印　刷：	天津联城印刷有限公司
	（天津市宝坻区新安镇工业园区 3 号路 2 号　邮编：301825）
开　本：	889 mm×1194 mm　1/32
字　数：	25 千字
印　张：	2.25
版　次：	2024 年 3 月第 1 版
印　次：	2024 年 3 月第 1 次
书　号：	ISBN 978-7-5548-5932-2
定　价：	30.00 元

后浪出版咨询（北京）有限责任公司版权所有，侵权必究
投诉信箱：editor@hinabook.com　fawu@hinabook.com
未经许可，不得以任何方式复制或抄袭本书部分或全部内容
本书若有印、装质量问题，请与本公司联系调换，电话 010-64072833